für ....

von ....

Was ich dir von Herzen wünsche

Texte von Ellen Sonntag

Seit alten Zeiten gilt das Herz
als Quelle der Lebenskraft und Sitz der Gefühle.
Wenn uns eine Sache wirklich wichtig ist,
sind wir „mit ganzem Herzen" dabei.

Du bist mir wichtig,
und meine Wünsche für dich kommen von Herzen.
Ich wünsche dir, dass du gerne zurückblickst
und noch lieber nach vorn.
Dass du fröhlich und optimistisch bist.
Dass es dir gut geht. Und vieles mehr ...

Ich wünsche dir das Talent eines Kindes,
unter ganz alltäglichen Dingen
Kostbarkeiten zu entdecken.

Das Leben besteht
aus vielen kleinen Münzen,
und wer sie aufzuheben weiß,
hat ein Vermögen.

Jean Anouilh

Rote Rosen regnet's nur ganz selten.
Aber dass du ab und zu
eine Rose geschenkt bekommst,
Zuneigung und
Freundschaft spürst,
das wünsch ich dir von Herzen.

Es ist nicht immer alles so,
wie es auf den ersten Blick scheint.
Ich wünsche dir, dass du offen dafür bleibst,
die Dinge auch einmal aus einer anderen
Perspektive zu betrachten.

Mancher meint, er wäre objektiv,
weil er mit seinem rechten
und linken Auge dasselbe sieht.
Stanislaw Jerzy Lec

Ich wünsche dir, dass du nicht allein
nach dem Nutzen fragst,
sondern auch an die Dinge denkst,
die sich das Herz wünscht –
deines und das deiner Mitmenschen.

Welch eine himmlische Empfindung
ist es, seinem Herzen zu folgen.

Johann Wolfgang von Goethe

Wenn du in einer Sackgasse bist
und am liebsten umkehren würdest,
dann wünsche ich dir
den Mut, es zu tun!

Wer A sagt, muss nicht B sagen.
Er kann auch erkennen,
dass A falsch war.

Bertolt Brecht

Dass du diesen Rettungsring brauchst,
wünsche ich dir natürlich nicht.

Aber dass du in allen Lebenslagen
einen in der Nähe hast –
und dazu einen Menschen,
der ihn im Notfall für dich auswirft,
das wünsch ich dir.

Ein sonniges Gemüt
kann graue Tage heller machen.

Ich wünsche dir, dass du dein offenes,
ansteckendes Lachen bewahrst,
mit dem du im Handumdrehen
Zugang zu deinen Mitmenschen findest.

*Frohe Herzen öffnen sich leicht
und verstehen einander.*

Adolph Kolping

Ich wünsch dir
einen Freund in deiner Nähe,
der dir eine starke Schulter bietet,
dir zuhört und da ist,
wenn du ihn brauchst.

Freundschaft, das ist wie Heimat.

Kurt Tucholsky

Deine kleinen Eigenheiten,
Ecken und Kanten
machen dich unter all den anderen
zu etwas ganz Besonderem.

Dass du dir dein einmaliges,
unverwechselbares Wesen bewahrst,
das wünsche ich dir und mir.
Denn so wie du bist,
so mag ich dich.

Manches Herz, das auf den ersten Blick
aus Stein zu sein scheint, ist in Wirklichkeit
weich und verletzlich. Dass du dich nicht nur
auf den ersten Eindruck verlässt
und dass es dir gelingt,
den wahren Menschen zu erkennen,
das wünsche ich dir.

Man sieht nur mit dem Herzen gut.
Das Wesentliche ist für die Augen unsichtbar.

Antoine de Saint-Exupéry

Dass dir ständig die Uhrzeiger im Nacken sitzen,
das wünsche ich dir wahrhaftig nicht.
Aber dass du weißt, wann du im Leben
früh aufstehen musst, um da zu sein,
wo die Musik spielt,
das wünsch ich dir von Herzen.

*Die Zeit ist eine große Meisterin,
sie ordnet viele Dinge.*

Pierre Corneille

So manche Last
wird uns im Leben aufgeladen.
Nicht immer kann man sie abwerfen.
Ich wünsche dir aber, dass du mit Humor
das Beste daraus machst.

Die Last, die man liebt,
ist nur halb so schwer.

aus Frankreich

Dass in deinem Leben
immer nur die Sonne scheint,
das wage ich dir nicht zu wünschen.

Aber dass sie aus den Wolken
immer wieder hervorbricht
und dir Freude und Kraft gibt,
das wünsch ich dir von Herzen.

Dass du dich pausenlos abstrampeln musst,
das wünsche ich dir natürlich nicht.
Wenn du aber in die Pedale trittst,
um in volle Fahrt zu kommen,
wünsche ich dir,
dass deine Anstrengung belohnt wird
und du dein Ziel erreichst.

Wenn es nur im Schneckentempo vorangeht,
dann wünsche ich dir
Ausdauer und Geduld.
Bestimmt entdeckst du auf deinem Weg
auch manches Schöne.

Große Siege
werden durch Mut errungen,
größere durch Liebe,
die größten durch Geduld.

Peter Rosegger

Ich wünsche dir,
dass du auch mit zunehmendem Alter
immer eine Tätigkeit findest,
die dir Freude bereitet.

Wer immer ein Werk vorhat,
das seine ganze Seele beschäftigt,
bleibt im Herzen jung.

Arthur Lindner

Ich wünsche dir,
dass du mit den Jahren
über so manche Probleme des Alltags
lächeln kannst und in heiterer Gelassenheit
auf das wirklich Wesentliche blickst.

*Die Heiterkeit ist ein wiederkehrendes,
lichtes Gestirn, ein Zustand,
der sich durch die Dauer nicht abnützt.*

Jean Paul

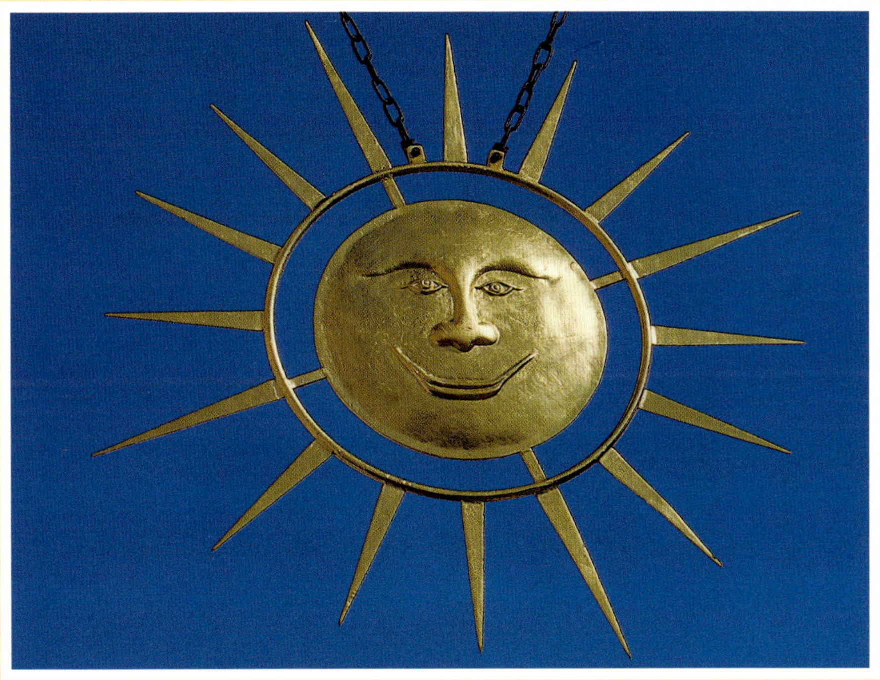

Auch wenn ein schöner Traum in der Wirklichkeit
nicht immer Bestand hat – ich wünsche dir,
dass du dich nicht entmutigen lässt und
immer wieder aufs Neue zu träumen wagst.

*Nimm dir Zeit, um zu träumen,
es ist der Weg zu den Sternen.*

aus Irland

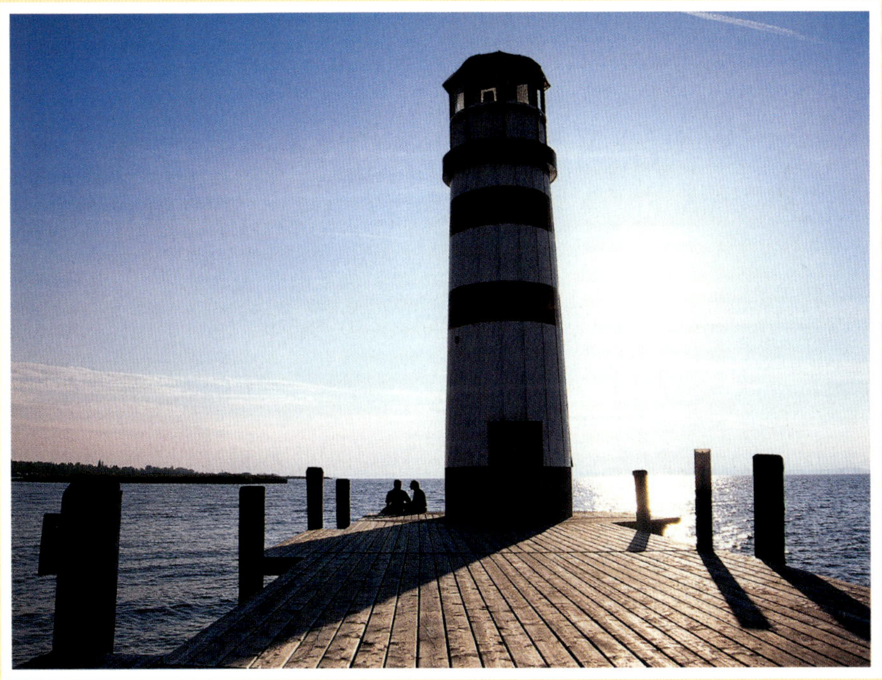

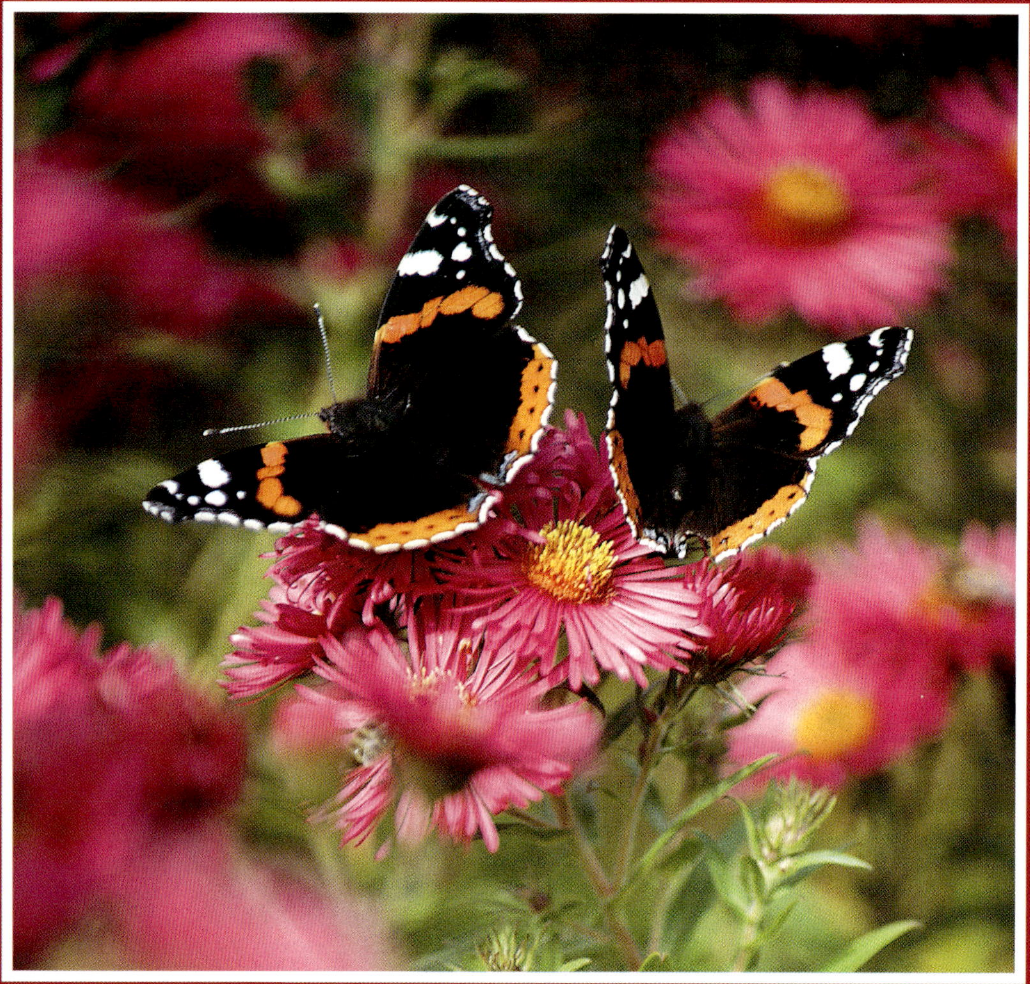

Ein immerwährender Höhenflug
kann auch die beste Partnerschaft nicht sein.

Aber dass ihr immer wieder
gemeinsam abhebt
und dem Alltag Flügel verleiht,
das wünsche ich euch.

Ich wünsche dir den Mut, bei wichtigen Entscheidungen
nicht nur deiner Vernunft zu trauen,
sondern auch auf die
Stimme deines Herzens zu hören.

Das Herz hat seine Gründe,
von denen die Vernunft nichts weiß.

Blaise Pascal

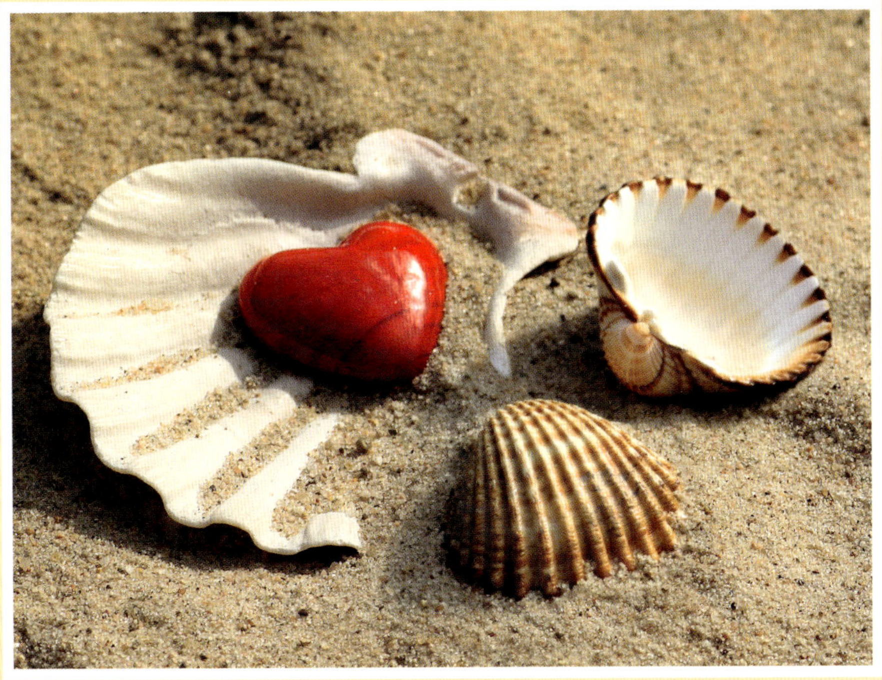

Dass Freundschaft,
Nähe und gegenseitiges Vertrauen
dein Leben reich machen,
das wünsch ich dir von Herzen.

*Die wirkungsvollste Energiequelle
unseres Lebens ist und bleibt
die menschliche Wärme.*

Ernst Ferstl

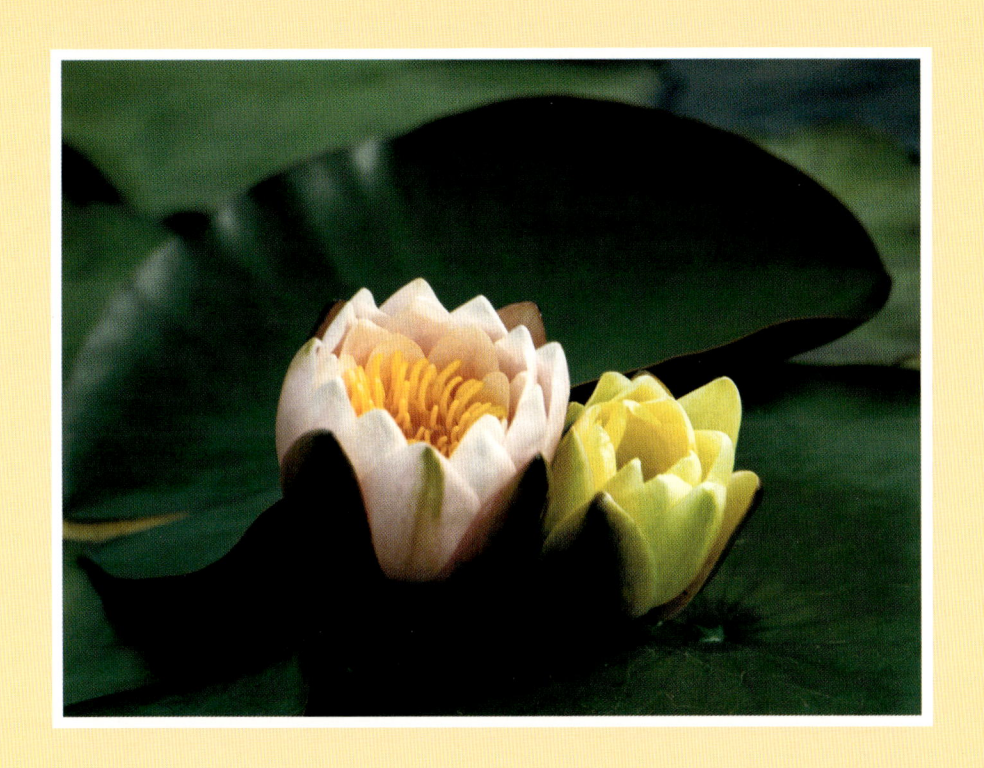

Diesen kleinen Schirmchen gebe ich
meine Wünsche für dich mit.

Dass sie bei dir ankommen,
Wurzeln schlagen, wachsen und blühen,
das wünsch ich dir von Herzen!

Was ich dir wünsche

Ellen Sonntag, geb. 1963 in Berlin, ist Bibliothekarin mit Leib und Seele. Während ihres Erziehungsurlaubes entdeckte die dreifache Mutter ihre Freude am Schreiben.

Was ich dir wünsche – in dieser Reihe gibt es:

Von Heidi und Hannes Bräunlich:

- „Was ich dir wünsche"
  ISBN 978-3-89008-560-9
  Diesen Titel gibt es auch als Aufstellbuch

Von Ellen Sonntag:

- „Was ich dir von Herzen wünsche",
  ISBN 978-3-86713-121-6
  Diesen Titel gibt es auch als Lesezeichenkalender, als Wandkalender & als Aufstellbuch
- „Was ich dir wünsche für die Zukunft
  ISBN 978-3-89008-461-9
- „Was ich dir wünsche – einen Engel"
  ISBN 978-3-89008-874-7
- „Was ich dir wünsche zum Geburtstag",
  ISBN 978-3-89008-588-3
- „Was ich euch wünsche für den Weg zu zweit"
  ISBN 978-3-89008-589-0
- „Was ich dir wünsche, kleiner Schatz"
  ISBN 978-3-89008-496-1
- „Was ich dir wünsche – gute Besserung"
  ISBN 978-3-89008-497-8

Bildnachweis:
Titel, S. 2, 43: Hans Groh
S. 5: Miroslav Ptáček
S. 6: Manfred Ruckszio
S. 9: Erich Tomschi
S. 10: Michael Migos
S. 13, 27: Maria Schmieden
S. 14, 21: Joachim Groh
S. 16: Patrick Frischknecht
S. 18: Bettina Banduhn
S. 22: Bernd Senftleben
S. 24: Ruth Rau
S. 28: Alfred Albinger
S. 31, 34: Klaus Scholz
S. 32: Jürgen Pfeiffer
S. 37: Dieter Letter
S. 39: Georg Popp
S. 40: Günter Vierow
S. 45: Lubi Porizka
S. 46: Andreas Pfanner.

Quellenangabe: „Mancher meint…", Stanislaw Jercy Lec, © Carl Hanser Verlag, München; „Wer A sagt…", aus: Der Jasager. Der Neinsager, in: Bertolt Brecht, Werke. Große kommentierte Berliner und Frankfurter Ausgabe, Band 3, Stücke 3, © Suhrkamp Verlag, Frankfurt a. M. 1989; „Man sieht nur…", Antoine de Saint-Exupéry, © Karl Rauch Verlag, Düsseldorf; „Die wirkungsvollste Energiequelle…", © Ernst Ferstl, Zöbern, Österreich.

Idee und Konzept: Groh Verlag. Das Werk einschließlich seiner Teile ist urheberrechtlich geschützt. Jede Verwertung außerhalb der engen Grenzen des Urheberrechts ist ohne Zustimmung des Verlages unzulässig und strafbar. Das gilt insbesondere für Kopien, Einspeicherung und Verarbeitung in elektronischen Systemen.

ISBN 978-3-86713-121-6
© 2003/2008 Groh Verlag GmbH & Co. KG
www.groh.de

Ein Lächeln schenken

Geschenke sollen ein Lächeln auf Gesichter zaubern und die Welt für einen Moment zum Stehen bringen. Für diesen Augenblick entwickeln wir mit viel Liebe immer neue GROH-Geschenke, die berühren.

In ihrer großen Themenvielfalt und der besonderen Verbindung von Sprache und Bild bewahren sie etwas sehr Persönliches.

Den Menschen Freude zu bereiten und ein Lächeln zu schenken, das ist unser Ziel seit 1928.

Ihr

Joachim Groh